YÈRES OU HIERRE,

(Seine et Oise).

PAR M. PINARD.

L'Histoire de la contrée, de la province, de la ville natale, est la seule où notre âme s'attache par un intérêt patriotique.

(*Aug.* in *Thierry*. Lettres sur l'histoire de France).

YÈRES OU HIERRE.

Sur l'un des côteaux rians et cultivés qui dominent le délicieux paysage que forment les rives de l'Hierre (1), est posé le village qui, d'après quelques historiens, a donné son nom à cette petite rivière, et l'a reçu d'elle d'après quelques autres; la première version nous paraît plus exacte.

Nous dirons avec *Sauval* (2), ne serait-il point à propos de réveiller ici la question de Vaugelas, touchant ces deux mots *Hierre* et *Lierre*, et de soutenir que cette feuille toujours verte appelée *Hedera* en latin, se nommait autre fois et devrait encore se nommer *Hierre* en français, ainsi qu'il se voit dans la seconde églogue de *Ronsard*, dans l'Ode deuxième de *du Bellay*, sans d'autres auteurs, surtout dans les noms de l'abbaye d'*Hierre* et de la rue

(1) Cette rivière, dans son cours d'environ seize lieues, forme des sinuosités à l'infini. Elle a sa source dans les environs de Rosoy; et arrose Chaumes, Soignolles, Grégy, Coinbs-la-ville, Varennes, Quincy, Périgny, Boussy-Saint-Antoine, Epinay, Brunoy, Hierre, Crosnes, avant de se jeter dans la Seine à Villeneuve-Saint-Georges.

L'Hierre déborde rarement, ne gèle jamais entièrement, et par une singularité inexplicable, disparaît en plusieurs endroits, sans laisser de traces de son cours, pour reparaître un peu plus loin.

(2) Recherches sur Paris, livre II page 152 et suivantes.

des *Nonnains d'Hierre;* mais que nos pères accoutumés à prononcer et orthographier *l'Hierre* au lieu de *la Hierre* à cause des articles *le* et *la* qui se mangent à la rencontre d'une voyelle, ont enfin si bien incorporé l'article féminin avec son nom, que n'en faisant qu'un mot, ils ont écrit *Lierre* sans *H* ni apostrophe ; et depuis, à ce nouveau mot, ajoutant l'article masculin, on a commencé à dire *le Lierre,* dont l'usage est reçu ; ce qui n'est pas extraordinaire, puisque la même chose est arrivée à beaucoup d'autres mots, tels que ceux de *loisir* et de *landit* qui viennent *d'Otium* et *d'Annus dictus* ou *d'indictum.*»

L'abbé Lebeuf (3) est aussi de cet avis que nous même partageons ; le Lierre, plante parasite, croît effectivement beaucoup dans le voisinage de ce village.

Hierre appartient à l'arrondissement de Corbeil, fait partie du canton de Boissy-Saint-Léger et du diocèse de Versailles ; jadis, il dépendait de celui de Paris et se trouvait compris dans la province de l'Ile de France ; on y compte 1200 habitans. Louis XI y permit l'établissement de deux foires annuelles, et d'un marché par semaine, en 1481 ; les jours où se tenaient ces foires sont ignorés ; on sait seulement que François 1er les fixa, en 1518, aux 29 et 30 août, et le marché au jeudi de chaque semaine ; c'est le seul mémorial qui en reste. Ce dernier monarque était à Hierre le 28 juillet 1544, on a les lettres qu'il y expédia ce même jour (4) ; on pense bien que l'amitié seule y conduisit ce prince, chez le savant *Budé* pour lequel il fut plein d'estime.

(3) Histoire du diocèse de Paris, tome XIII pages 1 et 2.
(4) Histoire du diocèse de Paris, tome XIII page 21.

L'église de ce village eut successivement pour patrons, *Saint-Loup*, *Saint-Léger*, *Saint-Luc* et *St.-Honest*, prêtre de Pampelune, en Navarre; ce dernier est fort peu connu. Serait-il venu mourir en ce lieu, ou y aurait-il été inhumé ? c'est une question insoluble. Toutefois ses reliques y ont été conservées de tems immémorial (5); il est aujourd'hui le seul patron de la paroisse.

L'historien du diocèse de Paris dit que l'érection de cette paroisse doit être au plus tard du XIeme siècle, puisqu'on voit qu'il existait déjà une église du nom de Hierre, lorsqu'on dota le village d'une abbaye de filles dans le siècle suivant, et que cette église y fut annexée par donation d'*Etienne de Senlis*, évêque de Paris. De là vint le droit de l'abbesse de nommer à cette cure.

Cet édifice n'offre rien de remarquable; c'est une grande chapelle sans aile et dont le chevet se termine carrément; elle est accompagnée de quatre chapelles, deux à droite, deux à gauche, qui sont régulièrement espacées. L'abside et le chœur sont voutés ; la nef, d'une construction plus moderne, n'est que lambrissée. Au nord s'élève la tour de forme carrée, terminée par un pavillon en charpente recouvert d'ardoises.

On lisait autrefois cette inscription, gravée sur une pierre fixée à la muraille du chœur, à main gauche :
« L'an 1526, le 27 jour d'avril, fut faite en cette église
« d'Yerre, la réception des reliques de St.-Honest, patron
« de céans : et le 29 dudict mois fust dédiée la dicte égli-

(5) L'Eglise St.-Denis-de-la-Châtre à Paris et l'Abbaye Saint-Saturnin de Toulouse, prétendaient également posséder des reliques de ce saint.

« se par Révérend Père en Dieu François de Poncher,
« évesque de Paris, et ce des déniers donnés à la dicte
« église par vénérable personne Mᵉ Gabriel Dugué pres-
« tre , demourant au dict lieu. Et par le dict révérend
« fust mise et institué la fête de la Dédicace par chacun
« an le 1ᵉʳ jour de May. »

Dans la chapelle seigneuriale, au côté gauche du chœur,
se lisaient ces autres inscriptions : « Cy dessous sont les
« cœurs de Dreux Budé et Eustache Budé son fils vivans
« seigneurs châtelains d'Yerre ; lesquels sont décédés à
« Paris : Sçavoir, ledit Dreux le 14 mars 1587 et Eus-
« tache le 20 février 1608. Lesquels sont inhumés en
« leur chapelle Saint-Gervais (6).

« Carissimœ uxori Carolœ Budœ , ex illustrissimo Bu-
« deorum et florettarum sanguine natœ, etc. » le reste dit
qu'elle mourut âgée de 25 ans, après sept années de ma-
riage, l'an 1623, le treize des calendes d'octobre laissant
deux fils, *Marcus de Faultrey Senatus Parisiensis consi-
liarius, monumentum posuit.* ».

La chaire à prêcher est un ouvrage du règne de Louis
XV, elle a jadis été dorée; sur ses panneaux sont sculp-
tés , St-Jean et deux des symboles des évangélistes de la
vision d'Ezéchiel: le lion (St-Marc) et le bœuf (St-Luc).
Une autre menuiserie plus curieuse est celle des stalles du
chœur, au nombre de huit; elles proviennent de l'ancienne
église des Camaldules dont nous aurons occasion de parler.

(6) En l'église aujourd'hui paroissiale de St-Nicolas-des-champs.
M. *l'abbé Pascal* dans sa notice sur cette église (page 78) dit que cette
chapelle est aujourd'hui sous le vocable de Saint-Nicolas, et qu'elle
était placée , avant la révolution , sous celui de Sainte-Geneviève.

Le cimetière jadis au nord et attenant à l'église a été porté dans la campagne à l'époque du *choléra*.

On pense que ce fut en 1132, que Dame *Eustache de Corbeil*, épouse de *Jean d'Etampes*, fonda en ce village un monastère de filles bénédictines, qui ne s'est pas éteint sans avoir eu quelque célébrité. Elle dota cette maison religieuse de biens considérables (7) qui furent augmentés par les libéralités de *Maurice de Sully*, évêque de Paris, en 1196.

Les Rois de France, dit l'annaliste de Corbeil (8), ont « aussi grandement favorisé les religieuses de ce monas- « tère, et ont tesmoigné que l'innocence des vierges qui « y résidaient leur estoit agréable. » Nous trouvons effectivement qu'en 1143, le roi Louis-le-Jeune donna à cette abbaye, la dîme du pain qui se consommait à sa table et à celle de ses officiers, pendant le séjour qu'il fai- sait à Paris ; ce même monarque y ajouta en 1160, la ré- gale de l'évêché de Paris, le siège vacant (9) ; mais en 1531, François 1er qui assistait aux obsèques de *François Poncher*, substitua à ce droit, *deux écus* d'or et d'autres menues offrandes que l'historien précité ne désigne pas.

(7) Il est probable que l'hospice ou maison de refuge possédée par cette abbaye, dans Paris, fit partie de cette donation. *Sauval* (recherches sur Paris, livre II, page 152) l'appelle la *maison de la pie*. Elle était située sur le port Saint-Paul, ce qui en reste n'est plus que le nom d'une rue ouverte à sa place, nommée par corrup- tion *rue des Nonaindières*.

(8) *Delabarre*; Livre II Chapitre II page 129.

(9) Ces donations furent confirmées par Philippe-Auguste en 1189 et par Saint-Louis en 1262.

La date de la fondation de ce monastère que nous venons d'indiquer, nous semble inexacte. L'historien de Corbeil (10), qui paraît avoir consulté le martyrologe de la maison, marque le décès de *Dame Eustache*, cette même année 1132 : *tertia Kalendas februarii*, par conséquent le 28 *Janvier* ; ce qui n'excluerait pas la fondation de l'abbaye; mais l'abbé Lebeuf (11) dit avoir trouvé dans ses archives un titre de l'an 1122, qui donnait aux religieuses droit à des censives et redevances. Enfin Étienne , évêque de Paris, nous a laissé une lettre qui porte cette dernière date , et dans laquelle il parle de lui-même , comme fondateur de ce monastère auquel il dit avoir donné ses *constitutians*.

Nous lisons dans *Delabarre* (12) : « C'est l'ordinaire « en matière de dévotion qu'elles sont plus ardentes au « commencement, lors que ceux qui s'adonnent à servir « Dieu n'ont autre imagination que d'accomplir leurs « vœux ; ce zèle de dévotion parut si grand en ces filles « qui s'enfermèrent les premières en ce monastère d'Yerre « qu'elles servirent d'exemplaire à toutes les autres mo- « niales de la province. » Il est vrai que plusieurs fameux monastères, même d'hommes, voulurent être en société de suffrages avec cette maison (13) , où s'observait si exactement la règle austère de Saint-Bernard. On sait que le maigre y était de rigueur; mais dès le XIV° siècle, on commença à y manger des œufs, certains jours de

(10) *Delabarre* ; Livre II, Chapitre II, page 131.
(11) Histoire du diocèse de Paris ; tome XIII page 25.
(12) Histoire de Corbeil; Livre II, Chapitre II page 130.
(13) *Lebouf*; histoire du diocèse de Paris; tome XIII page 34.

l'année, et dans le siècle suivant, *Agnès Sorel* laissa à cette communauté un fonds pour la pitance d'œufs qui s'y consommeraient le jour anniversaire de sa mort; enfin par imitation, des particuliers, fondant leur *obit*, spécifièrent que ce jour là, chaque religieuse aurait quatre œufs; un autre donna un fonds de terre, afin que le jour de la Fête-Dieu on fournit à chaque religieuse le même nombre d'œufs (14); puis sur la fin du même siècle, l'usage des alimens gras s'introduisit dans l'abbaye; elle fut depuis considérée comme *mitigée*.

Le plus grand évènement dont elle ait été le théâtre, est la visite qu'y fit, en 1274, *Pierre de Tarentaise* avant d'être élevé à la papauté sous le nom d'Innocent V (15). Ce prélat y passa trois jours, pendant lesquels il opéra plusieurs miracles par l'imposition des mains sur des malades et des infirmes; circonstance qui mit l'abbaye en grande réputation de sainteté.

L'Église de ce monastère était sous le vocable de la Ste-Vierge; elle a été détruite à la fin du dernier siècle; ce n'était pas celle où avait été inhumée la fondatrice. Cette grande chapelle sans ailes était cintrée de plâtre.

C'est dans ce sanctuaire que le 2 janvier 1672, fût

(14) *Poullain de Ste-Foix*; Essais historiques sur Paris, tome 3 page 239, etc.

(15) D'abord Dominicain, puis Archevêque de Lyon et Cardinal; il fut élu Pape le 21 février 1276, et mourut le 22 juin suivant. On a de ce saint des notes sur les Épîtres de St-Paul, sous le nom de *Nicolas de Goram*, et des commentaires sur le livre des sentences. Ses ennemis lui imputèrent des erreurs, mais St-*Thomas-d'Aquin* son confrère le justifia (*Millin* ; Antiquités Nationales ; tome IV chapitre XXXIX page 84, note 151.).

prononcée par *Fléchier*, l'oraison funèbre de la *Marquise de Rambouillet* (16), Dame d'honneur de la Reine Marie-Thérèse; en présence de Madame l'abbesse de St-Étienne de Rheims et de Madame l'abbesse d'Hierre, ses sœurs; cette dernière, *Clarice Dianne d'Angennes*, mourut le 19 mars 1680, et la première, *Catherine-Charlotte d'Angennes*, qui lui succéda, le 20 mai 1691.

C'est pour madame de Rambouillet qu'avait été exécutée cette offrande poétique, connue sous le nom de *guirlande de Julie*, dont le peintre Robert avait fait les dessins; tous les beaux esprits du temps s'empressèrent d'y joindre l'hommage de leur poésie; mais de tous ces vers, on n'a retenu que ceux de *Desmarets*, sur la violette.

Parmi les autres personnes qui ont été revêtues de la dignité d'abbesse de cette communauté, il en est plusieurs qui ont porté des noms illustres; nous nommerons *Marie d'Estouteville*, qui restaura les bâtiments et les mœurs du monastère, et *Marie de Pisseleu*, qui appartenait à une famille galante, et fut interdite, en 1557, pour ses déréglements.

La révolution a dispersé les religieuses; mais les bâtiments n'ont pas subi le sort de la plus part des édifices de ce genre. Ils existent encore en partie, et ont été disposés

(16) *Julie Lucie d'Angennes* fut baptisée le 25 juin 1607 et mariée le 13 juillet 1645, à Charles de Sainte-Maure, marquis de Salles, depuis *Duc de Montausier*, l'homme le plus vertueux de son siècle et qui depuis douze ans sollicitait sa main ; elle mourut à Paris le 15 novembre 1671 et fut inhumée dans l'église des Carmélites du faubourg St-Jacques ; où son mari, mort en la même ville le 17 mai 1690, à l'âge de 80 ans, reçut également la sépulture.

pour une exploitation industrielle (17). Quelques constructions modernes, greffées sur cette architecture monacale, lui pèsent singulièrement et ne sont pas agréables à l'œil, ce qui n'empêche de rencontrer quelques portions du cloître et des lieux réguliers, encore intacts ; au bas de la fenêtre d'une des chambres de l'abbesse, qui surmonte le portail, on lit encore à l'extérieur : *Hæc porta Domini, justi intrabunt in eam*, (Psaume 117).

Là, s'exhalent encore un parfum de souvenir, une délicieuse odeur de solitude et de paix.

Il existait aussi jadis, sur le même territoire, un couvent de *Camaldules* où résidait le général de l'ordre (18); dans l'endroit délicieux où il s'élevait, on ne trouve plus rien qui en révèle l'existence ; quelques maisons de campagne enveloppées d'un bois qui les dérobe à la vue, s'en sont partagé l'enclos.

On chercherait en vain un ombrage plus agréable, plus frais, plus solitaire ; la nature y est simple sans être sauvage, et soignée sans parure.

Cette retraite fut donnée à ces religieux par le duc

(17) La marquise de Créquy, dans ses souvenirs (tome VIII page 50 et 51) rappelle le temps qu'elle passa à *la prison des oiseaux* et parle de son geôlier, le citoyen D. T..., devenu plus tard propriétaire de l'ancienne abbaye d'H... et grand fabricateur de cotonnades. Elle ajoute: *C'était un normand fin comme l'ambre; il n'a jamais ni compromis ni maltraité ses prisonniers, et s'il n'avait pas acquis un bien du clergé, je n'aurais aucun mal à dire de lui.* Ne serait-il pas possible de conjecturer qu'il s'agit ici de notre abbaye ?

(18) Cet Ordre fut institué par St-Romuald, en l'an 1009, c'est l'un des plus austères qui se soit conservé jusqu'à nous. Ces religieux obtinrent de s'établir en France en 1634 ; ils n'y comptaient que cinq maisons.

d'Angoulême, seigneur de Gros-Bois, et ils s'y établirent en 1643 (19), avec l'autorisation de l'Archevêque de Paris. Le comte de Peletz, fils de ce seigneur, fut aussi leur bienfaiteur. Ces anachorètes, qui vivaient du travail de leurs mains, fabriquaient des étoffes connues sous les noms de voile et d'étamine, dont ils avaient un débit facile.

Leur église titrée de St-Jean-Baptiste (20), avait la forme d'une croix latine ; trois autels y étaient disposés, l'un au centre, les autres aux extrémités des transepts. On y remarquait une vierge tenant son fils sur ses genoux après avoir été descendu de la croix, par *Cazes*, et une copie du St-Romuald de *Le Sacchi*.

Les bâtimens conventuels dataient de la fondation : chaque religieux y avait sa cellule séparée et une petite chapelle où l'on célébrait la messe au besoin. Au-dessus de la porte du chapitre se voyait un St-Romuald, ouvrage de *Philippe de Champagne*, et, dans le réfectoire, un portrait de l'abbé de Rancé, attribué au même pinceau.

(19) Ils s'étaient d'abord fixés sur une montagne déserte de la Brie, appelée *Mont-Eti*, puis à Gros-Bois. Leurs statuts leur prescrivaient d'établir leurs monastères au moins à cinq lieues des grandes villes.

(20) C'est sans doute cette fête qui donna naissance à celle dite *des Camaldules*, transférée on ne sait en quel temps au lundi de la Pentecôte, à cause des nombreuses localités dont St-Jean est le patron. Depuis la destruction de la communauté, cette assemblée se tient annuellement dans l'avenue qui précède le château de la Grange, peu éloigné de là. Cette fête champêtre, sans être aussi suivie que celles de St-Cloud et des Loges, attire néanmoins un grand concours.

Plusieurs personnes de considération animées de l'esprit de retraite, vinrent habiter cette solitude pour s'y édifier par la vie exemplaire des religieux.

Gaspard de Fieubet, seigneur de Cendré et de Ligny, né à Toulouse en 1626, d'une famille de magistrature; conseiller au parlement de Paris, et chancelier de la reine Marie-Thérèse, ayant perdu sa femme en 1686, et n'ayant point d'enfans, s'y retira en 1691; il y mourut le 10 septembre 1694 (21). Son oraison funèbre fut prononcée dans l'église de cette communauté, l'année suivante, par l'abbé *Anselme* (22), et son tombeau fut honoré d'une épitaphe si emphatique que nous ne la rapporterons pas (23).

M. *Bachelier*, gentilhomme attaché au roi de Pologne Sobieski, et employé par ce prince dans différentes affaires politiques et militaires, choisit aussi les Camaldules pour retraite; et il y mourut en 1707, après quatorze an-

(21) Ses liaisons avec plusieurs hommes de lettres, et quelques petites pièces de poésies répandues dans différents recueils, ont plus contribué à sa réputation que sa carrière comme magistrat. On est porté à croire qu'il était homme de plaisir puisqu'il était ami de *Saint Pavin*, dont il composa l'épitaphe. Voltaire, en la citant, désigne Fieubet comme l'un des esprits les plus polis de son siècle. Il avait fait aussi une épitaphe en vers pour *Descartes* (Biographie universelle, Tome XIV).

(22) Elle a été imprimée dans le recueil in 8° des oraisons funèbres de cet orateur sacré.

(23) On la trouve dans l'histoire du diocèse de Paris, par *l'abbé Lebeuf*, dans le dictionnaire historique de Paris et de ses environs, de *Heurtaut*, et à la bibliothèque royale, où est conservée aussi la gravure du monument funéraire élevé à la mémoire de M. *de Fieubet*.

nées passées dans les exercices de la pénitence la plus austère.

Le Comte *de Tossé*, maréchal et grand fauconnier de France, général des galères, chevalier des ordres du roi, de la Toison d'or, de St-Jacques porte-glaive et de Malte, gouverneur du Maine, se retira aussi dans cette communauté, où il mourut en 1725.

M. *de la Bourdonnaye*, magistrat distingué par sa naissance, son mérite et les emplois de confiance dont il fut honoré par le roi Louis XIV, voulut aussi terminer ses jours dans la retraite, et choisit cette maison, où il est mort le 27 août 1726.

Enfin le prince de Transylvanie, *François Léopold de Ragotski*, se retira également aux Camaldules. On sait que, condamné à avoir la tête tranchée pour avoir porté les armes contre l'Empereur d'Allemagne, son maître, il se réfugia en France sous le nom de *comte de Saaron*, en 1713 ; c'est alors qu'il s'enferma volontairement dans cette solitude, d'où il partit incognito, en 1717 ; après plusieurs nouveaux faits d'armes, il alla mourir à Rodoste, le 8 avril 1735. Il avait ordonné que son cœur fut envoyé à cette communauté, en souvenir des jours heureux qu'il y avait passé ; ce gage de son amitié fut remis entre les mains du général de l'ordre, qui le déposa dans un monument préparé pour le recevoir, dans le cimetière du couvent.

Nous ne reprocherons pas à M. *de Laharpe* son chapitre intitulé *les Camaldules* ; mais nous sommes persuadé que si cette institution lui eut survécu, à l'exemple des hommes éminens que nous venons de nommer,

il fut venu achever sa carrière orageuse dans cette solitude fortunée !

Quoique la révolution ait détruit l'église et transformé
le couvent, des *Trappistes* vinrent s'y établir vers 1826;
fidèles aux règles de leur ordre, ils y renouvellèrent
l'exemple de la piété la plus austère. Lors des évène-
mens de 1830, ils se sont transplantés dans le Maine. A
la même époque, des femmes soumises à cette règle, s'é-
taient réunies en communauté, dans une maison d'Hierre;
après plusieurs stations, elles se sont enfin fixées dans
l'ancienne province de Bretagne.

Le château ci-devant seigneurial d'Hierre, dont nous
avons vu un dessin portant la date de 1704, a jadis eu
beaucoup plus d'importance. Il y a toute apparence dit
l'abbé Lebeuf (24), qu'il a été bâti au XVe siècle. Effectivement, la brique très-employée alors dans les constructions de cette importance, domine dans ce qui en
reste. Il était crénelé et flanqué de tourelles, dont deux
sont encore debout. Les armes de la famille Budé figu-
raient jadis audessus de la porte principale ; la maison de
Harlay qui posséda la seigneurie d'Hierre après elle, les
avait respectées ; la révolution les a fait disparaître.

Ce n'est qu'à partir du XIIe siècle que les seigneurs
d'Hierre nous sont connus. Au XIVe siècle, cette seigneurie était dans les mains de l'illustre maison de *Cour-
tenay*, alliée à la famille de nos Rois, et qui régna à
Constantinople. *Jean Bureau de la Rivière*, chambellan

(24) Histoire du diocèse de Paris, tome XIII page 14.

et favori des rois Charles V (25) et Charles VI , en fit
l'acquisition de Jean de ce nom , en 1386 ; son unique
fille mariée à *Jacques de Chastillon*, amiral de France,
tué à la bataille d'Azincourt (1415), la posséda ensuite
et la vendit à la famille *Budé* qui fut annoblie par Charles VI en reconnaissance de ses services ; et elle en a été
en possession jusqu'au milieu du XVIIe siècle. *Dreux* de
ce nom, garde des chartes du Roi, audiencier de la chan-
cellerie de France, devint seigneur châtelain d'Hierre
en 1452 , année où il fut fait prévôt des marchands.
Jean son fils , n'est connu que pour avoir donné le jour
à *Guillaume*, qu'*Érasme* son ami, appelait *le prodige de
la France*. On sait que sa vaste érudition l'a fait mettre
au nombre de ceux qui lui ont fait le plus d'honneur. Il
naquit à Paris en 1467 et y mourut le 23 août 1540 (26).

(25) On sait qu'il a été inhumé à Saint-Denis, auprès du tombeau de Charles V et par ses ordres, en reconnaissance des services signalés qu'il lui avait rendus. Bureau de la Rivière est mort le
16 août 1400.

(26) *Louis Leroy* a écrit sa vie (Batsü *vitæ selectæ* p. 245). Une
clause de son testament, écrit par lui-même quatre ans avant sa
mort, est ainsi conçue : « Ordonne mon corps estre inhumé en l'é-
glise Monsieur Saint-Nicholas-des-Champs, à Paris, pour ce que
mon domicile et maison par moi bâtie, *in spem perpetuæ moræ*, y
est assise et que je m'attends à y mourir. »

Elle était située rue St-Martin. On lisait encore au commencement du dernier siècle, ces deux vers de *Juvénal* sur la porte
principale :

Summum credere ne fas animam præferre pudori,
Et propter vitam, vivandi perdere causas.

On lit dans ce même testament : « A la fabrique de laquelle
église je laisse douze livres tournoys pour l'ouverture de la terre
et le son des cloches durant mon obit et le temps d'iceluy... je

Guillaume Budé, secrétaire et bibliothécaire du roi François 1er, fut l'un des hommes les plus habiles de son temps dans les langues grecque et latine ; et eût la plus grande part à l'établissement du *Collège royal*, fondé et protégé par ce monarque.

On raconte que ce savant était marié à une femme qu'il aimait beaucoup, et en qui il avait toute confiance pour ses affaires domestiques, au point qu'un valet l'ayant un jour averti que le feu était à sa maison : « *Allez le dire à Madame*, répondit-il ; *vous savez que je ne me mêle pas des affaires du ménage.* » Du reste il disait qu'il avait deux femmes ; la sienne qui lui donnait des enfans, et la philosophie qui le mettait en état de faire des livres. Mais, ajoutait-il, cette dernière sera plus long-temps féconde que l'autre (27).

Louis et *Jean Budé*, ses fils, qui, à l'exemple de leur mère, s'étaient faits *Calvinistes*, cultivèrent les lettres avec succès. Lors de la révocation de l'*Édit de Nantes*, cette famille se retira à Genève, où ses descendans ont toujours resté depuis.

Indépendamment de la terre que Guillaume Budé possédait à Marly-la-ville, on croit qu'il eut une maison de campagne à Hierro, dont on sait que son frère aîné était seigneur châtelain, et qu'il y composa quelques uns de ses ouvrages. C'est dans cette persuasion que M. *de Bar-*

veux être porté en terre de nuict et sans semonce, à une torche ou à deux seulement; et ne veux estre proclamé à l'église, ne à la ville, ne alors que je seray inhumé, ne le lendemain . . . . .

(27) *de Paulmy*; mélanges tirés d'une grande bibliothèque, tome XXVII, pages 9 et 10.

cos, intendant de la maison de Villeroy, qui posséda la charmante habitation qu'on soupçonne lui avoir appartenu, fit graver les vers suivants sur une table de pierre autrefois placée audessus de la fontaine qui a retenu le nom de ce savant :

> Dans les eaux de cette fontaine
> *Budé* a puisé son savoir ;
> Harlay l'a mise en mon pouvoir,
> Où chercher ailleurs l'Hippocrêne (28).

On voit encore le buste de Budé, en médaillon, au même endroit, avec ces vers audessous, attribués à Voltaire, et que la nymphe de la fontaine adresse aux curieux :

> Toujours vive, abondante et pure,
> Un doux penchant règle mon cours ;
> Heureux l'ami de la nature,
> Qui voit ainsi couler ses jours.

Les eaux limpides de cette source s'épanchent dans un canal bordé d'arbres, d'où elles viennent grossir la rivière d'Hierre. Sa naissance est dérobée par un rocher factice, conçu et disposé sur de grandes proportions ; les pierres brutes qui le composent, sont groupées avec art ; et son ensemble est d'un effet très-pittoresque ; les jardins eux-mêmes, sont délicieux.

A l'époque de la révolution, cette habitation appartenait à M. *Vetard*, greffier au parlement de Paris ; nous

(28) M. *de Burcos* y avait aussi fait placer les bustes de *Budé* et de *Harlay* ; et aux vers que nous venons de rapporter, étaient ajoutés ceux-ci, sortis de la même plume :

> Cui favet *Harlæus*, *Budei* quem ornat imago.
> Fons sacer es Musis ; novus hic jam regnat Apollo.

ignorons le nom de ceux qui la possédèrent immédiate-
ment après. Dans un petit ouvrage dû à l'architecte *J.
Lalos* (29), qui parut en 1817, se trouve une description
de cette belle propriété ; nous y lisons : « l'habitation, à
laquelle j'ai donné mes soins, appartient aujourd'hui aux
célèbres écuyers Franconi. C'est M. Franconi, père, qui
en a fait l'acquisition ; c'est à lui à qui l'on doit l'érection
des remises, des écuries et de tous les bâtimens de la
basse-cour. C'est à Yères où pendant sa cécité, il s'occu-
pait à construire cette voiture nomade, chef-d'œuvre
d'invention et de patience. » *M. Deurbroucq* en est
actuellement propriétaire.

Ce n'est pas la seule demeure champêtre qui se fasse
remarquer à Hierre. Nous mentionnerons encore celle
qui fut possédée par le comédien *Dazincourt*, qui venait
s'y consoler des tracasseries de la méchante médiocrité
(30). Elle appartient actuellement au graveur *Jazet*,
qui jouit d'une réputation méritée. A l'entrée d'Hierre

(29) De la composition des parcs et jardins pittoresques ; Paris
in-8° § 3 page 125 et suivantes.

(30) *Jean-Baptiste Albout, Dazincourt*, né à Marseille en 1747,
est mort à Paris le 28 mars 1809 ; on lit sur sa tombe au cimetière
Montmartre :

> Du théâtre Français, l'honneur et le soutien,
> Digne successeur de Préville,
> Homme de goût, homme de bien,
> Aimable à la cour, à la ville,
> Ami vrai, délicat, sensible, généreux :
> Il réunit sur sa cendre chérie
> Et les regrets des enfans de Thalie
> Et les larmes des malheureux.

du côté de Paris, est celle dont *Morel de Chefdeville*, fut propriétaire ; cet auteur dramatique, à qui nous devons *la caravane du Caire*, *Panurge* et les *Mystères d'Isis*, naquit à Paris le 10 octobre 1751, et mourut à Hierre, dont il était maire, le 13 juillet 1814 (31). Il savait attirer ses amis dans sa retraite solitaire, où les étrangers venaient admirer les belles plantes exotiques, cultivées dans ses jardins ; l'architecte *Alavoine* y dirigea la construction d'une serre chaude pour M. *Boursault*, botaniste distingué, qui avait habité plutôt ce domaine qu'avaient possédé ses pères, qui remplirent à Hierre la charge de procureur fiscal.

C'est chez *Morel* que l'académicien *Andrieux* (32) son ami, fit jouer sa *Comédienne* pour la première fois.

L'ancien fief de *Narelles*, corps de ferme, jadis à Monsieur comte de Provence, depuis Louis XVIII, n'existe plus que de nom ; il était assis sur le rivage gauche de l'Hierre ; non loin est une délicieuse maison de campagne dont les jardins agréablement plantés, sont embellis par une échappée de vue sur cette rivière ; l'architecte *Liégeon* y a construit un pavillon en forme de temple, dont la coupole est supportée par des colonnes ioniques ; on y rencontre aussi, d'autres objets qui intéressent éga-

---

(31) Supplément à la Biographie universelle, tome 74 page 372.

(32) Comme poëte dramatique, il occupera dans notre littérature une place très-distinguée entre ses deux amis *Collin d'Harleville* et *Picard*. *Anaximandre*, les *Étourdis*, le *Trésor*, la *Comédienne*, *Helvétius*, *Molière avec ses amis*, feront partie du répertoire de la Comédie Française, tant qu'on estimera parmi nous le goût, l'esprit, le naturel et la gaieté.

lement le cœur et l'esprit. Ce domaine appartient à M.
Philippe ; il a été la propriété du *baron d'Espagnac*. Celui qui se trouve de l'autre côté de la rue est passé des
mains du *marquis de Mandat*, dans celles du restaurateur
Borel, qui dut sa célébrité *au fameux rocher de Cancale*
de Paris.

A ce propos, pourquoi ne dirions nous pas que l'ancien
château seigneurial d'Hierre, a successivement appartenu au *pâtissier Lesage*, à M. *Proton* son gendre et suc-
cesseur, que cette commune a eu plusieurs années pour
maire ; et est actuellement à M. *Hamelin*, gendre de ce
dernier.

De ce même côté de la rivière, on trouve, au haut du
coteau, *Concis*, écart qui dépend de Hierre ; il est appelé
Concissum et *Concisum*, dans des actes du XIIᵉ siècle.
Son origine n'est point difficile à reconnaître ; c'est un
lieu où il se fit un abattis d'arbres, que les latins appel-
lent *concœdes*, et que les Francs nommait *Combr* : c'est-
à-dire, que la forêt de Sénart comprenait ce canton qu'on
défricha pour la culture (33). Le séminaire de St-Sul-
pice y possédait au dernier siècle, une maison avec chapelle domestique.

Il nous reste à parler du château de la *Grange*, situé
au centre d'une masse de bois qui couronne les hauteurs
d'Hierre ; ce n'était originairement qu'une ferme, qu'on
appela dans la suite la *Grange-du-milieu*, sans doute
parcequ'elle était placée au milieu des bois. Il y a des
lettres du roi Henri III, données en 1581, qui permettent

(33) *L'Abbé Lebeuf*; histoire du diocèse de Paris, tome XIII
page 17.

à *Jacques Foing*, prieur d'Argenteuil, qui en était alors propriétaire, de faire continuer les fossés autour de ce manoir, et même de l'entourer de murailles et de ponts-levis. Il appartenait en 1624, à *Charles Duret*, président de la chambre des comptes et intendant des finances. Vers le même temps, Louis XIII fit construire au même lieu quelques bâtimens pour un relais de chasse ; de là lui vint le nom de la *Grange-le-Roi* ; de nos jours on l'appele communément la *Grange*.

Le château reconstruit après la mort du roi, est d'une belle et solide construction qui annonce le XVIIe siècle ; de belles avenues le préviennent ; ses avant-cours sont fort étendues et entourées d'une double circonvallation de fossés. M. *LeCamus*, lieutenant civil et premier président de la cour des aides, en a été propriétaire (34). Ses héritiers l'ont vendu à un garde du trésor royal, nommé *Gaudion*. Il paraît que le prince et la princesse *de Conti* (35) ont aussi habité ces lieux, et après eux, le *Maréchal de Saxe*, héros dont la mémoire est chère à la France. C'est ce dernier qui a commencé la magnifique galerie de stuc qui existe encore au rez-de-chaussée du château ; M. *Raymond*, secrétaire du Roi, l'a fait achever sur les dessins de M. *de la Touche*. Elle est décorée

(34) Ce grand seigneur avait établi deux sœurs de charité dans cette paroisse (Lebœuf, histoire du diocèse de Paris tome XIII page 8).

(35) *Louis Armand de Bourbon*, marié à *Marie-Anne de France, Mademoiselle de Blois*, fille de Louis XIV et de Melle de la Vallière ; ils n'ont pas laissé de postérité. La beauté de la princesse de Conti est célèbre.

de pilastres cannelés , d'ordre Corinthien , de trophées d'armes parfaitement conservées et d'un grand nombre de bustes, parmi lesquels on distingue celui de l'illustre maréchal (36).

Le vainqueur de Fontenoy et de Raucoux, fut l'amant de *Madame Favart* (37), et la chronique raconte que l'auteur d'*Annette et Lubin*, vint souvent au château de la Grange : *Honni soit qui mal y pense !*

De nos jours ce château a été longtemps possédé par le financier *Boscary de Villeplaine* et l'est encore par sa veuve pendant la belle saison ; cette dame s'entoure alors de toute sa famille ; de ce nombre est M. le vicomte *Melin-Dutaillis*, fils adoptif du brave général de ce nom et maire de Hierre.

Le parc de la Grange est une des créations de *Lenôtre*. On trouve à l'extrémité, un belvéder établi sur la crête du *Mont-Griffon*, d'où la vue s'étend sur le cours de la Seine, depuis Corbeil jusques à Paris, et sur les chemins de fer d'Orléans et de Lyon.

(36) Nous avons une intéressante histoire de Maurice de Saxe, par le Baron d'Espagnac (2 volumes in-12, Paris 1773). Il était fils naturel d'Auguste 1er, roi de Pologne, Électeur de Saxe et d'Aurore Kœnismarck ; il naquit à Dresde le 13 octobre 1696 et mourut à Chambord le 30 novembre 1750 ; ce guerrier a été inhumé à Strasbourg, dans l'église luthérienne de St-Thomas, où *Pigale* lui a exécuté un magnifique mausolée.

(37) *Marie Justine Benoîte de Ronceray*, repose auprès de son mari, dans le cimetière de Belleville près Paris , où un seul cyprès indique le lieu de leur sépulture. Favart a écrit les *Trois Sultanes*, la *Chercheuse d'esprit* et quelques autres opéras non moins goûtés par la société qui en eût les prémices.

Wassy.—Imprimerie de LEROUGE-PRIGNOT.